Arwed Blomeyer

E. T. A. Hoffmann als Jurist

SCHRIFTENREIHE DER JURISTISCHEN GESELLSCHAFT e.V. BERLIN

Heft 55

1978

DE GRUYTER · BERLIN · NEW YORK

E. T. A. Hoffmann als Jurist
Eine Würdigung zu seinem 200. Geburtstag

Von

Dr. jur. Arwed Blomeyer

Professor em. an der Freien Universität Berlin

Vortrag
gehalten am 23. Januar 1976

1978

DE GRUYTER · BERLIN · NEW YORK

CIP-Kurztitelaufnahme der Deutschen Bibliothek

Blomeyer, Arwed
E. T. A. Hoffmann als Jurist : e. Würdigung zu seinem 200. Geburtstag ; Vortrag gehalten am 23. Januar 1976. — 1. Aufl. — Berlin, New York : de Gruyter, 1978.

(Schriftenreihe der Juristischen Gesellschaft e. V. Berlin ; H. 55)
ISBN 3-11-007735-3

©
Copyright 1978 by
Walter de Gruyter & Co., vormals G. J. Göschen'sche Verlagshandlung, J. Guttentag, Verlagsbuchhandlung Georg Reimer, Karl J. Trübner, Veit & Comp., 1000 Berlin 30. — Alle Rechte, auch die des auszugsweisen Nachdrucks, der photomechanischen Wiedergabe, der Herstellung von Mikrofilm und der Übersetzung, vorbehalten. — Printed in Germany.
Satz und Druck: Saladruck, 1000 Berlin 36
Buchbindearbeiten: Berliner Buchbinderei Wübben & Co., 1000 Berlin 42

Ernst Theodor Amadeus Hoffmann, dessen 200. Geburtstag wir heute festlich begehen, hat 46 Jahre gelebt und in den knapp 20 Jahren seines Schaffens und Wirkens eine solch eminente Leistung auf juristischem und künstlerischem Gebiet erbracht, daß nur das etwas verblaßte Wort „Universalgenie" seine Begabungsfülle umfaßt. Beruflich war er tätig als Jurist, Komponist, Dirigent, Musiklehrer, Musikkritiker, Zeichner, Maler, Bühnenarchitekt, um sich schließlich zum romantischen Erfolgsautor, ja zum Modeschriftsteller seiner Zeit zu entwickeln.

Zur Person: Äußerlich klein, zierlich, von schmächtiger Gestalt, mit krausem Haar, stechenden Augen, koboldhaft behende, dazu sprühend lebendig, von geistvollem sarkastischen Witz, Mittelpunkt jeder Tafelrunde, glühender (meist unglücklicher) Verehrer der Frauen. Er muß auf seine Zeitgenossen, auf kluge kühle Männer von gleichem geistigen Rang, eine magische, ja dämonische Anziehungskraft ausgeübt haben. Aber zugleich war er – und das ist das Phänomen! – ein Jurist von Rang, der, voll erfüllt vom Ernst des Richteramts, sachlich kühl alle rechtlichen Argumente beherrschte.

Hier in diesem Haus, im ehemalig preußischen Kammergericht, hat er gewirkt, hier ist er ein und aus gegangen, hier darf ich ihm heute die laudatio halten, wohlgemerkt eine rein juristische, in der kargen Sprache unseres Standes. Und doch muß dabei der Künstler gegenwärtig bleiben: Als der leidenschaftlich Besessene, der bis zum Mittag seine Akten erledigte, nach Hause in die Taubenstraße stürzte, sich auf seine Manuskripte oder Partituren warf, der abends in der Weinstube von Lutter und Wegener mit Freunden tafelte, mit berühmten Zeitgenossen korrespondierte, beißende Kritiken schrieb und andern Tages wieder im Gericht votierte.

Unveränderter Abdruck meines Festvortrags am 23. Januar 1976 im Berlin-Museum (ehem. Kammergericht). Aus meinen zahlreichen Unterlagen möchte ich vor allem nennen: *Eugen Wohlhaupter*, Dichterjuristen II (1955) S. 35–98, die beiden Sammlungen von *Friedrich Schnapp*, E. T. A. Hoffmann, Juristische Arbeiten (1973) und E. T. A. Hoffmann in Aufzeichnungen seiner Freunde und Bekannten (1974), sowie die glanzvolle Darstellung von *Ulrich Helmke*, E. T. A. Hoffmann (1975).

Ich beginne mit seinem Leben. Ernst Theodor *Wilhelm* Hoffmann wurde zu Königsberg am 24. Januar 1776 geboren. Den Vornamen Amadeus wählte er später selbst und trug ihn als Künstlernamen. Hoffmanns Vater war Hofgerichtsadvokat; ob sich unter seinen Ahnen auch Polen oder Ungarn befunden hätten, ist bisher nicht bewiesen. Aber sicherlich wirkte er zeitlebens fremd und ausländisch.

Uns interessiert mehr das juristische Milieu seiner Herkunft. Die Ehe seiner Eltern wurde zwar bald geschieden und Ernst als der jüngere Sohn der Mutter zugesprochen; aber es waren juristische Verwandte, die sich um seine Erziehung kümmerten.

Schon auf der Schule schloß Hoffmann Freundschaft mit dem ein Jahr älteren Theodor Gottfried von Hippel, dem späteren preußischen Staatsrat und Oberpräsidenten von Westpreußen, der ihm ein Leben lang die Treue hielt, ihn finanziell unterstützte und ihm zu Amt und Brot verhalf, wann immer das Schicksal den genialen Künstler bedrängte. Auch die Universität besuchten sie gemeinsam.

Als Sechzehnjähriger ließ sich Hoffmann 1792 bei der Rechtsfakultät der Albertina in Königsberg inskribieren, gewiß nicht aus Begeisterung für die Jurisprudenz, das Studium bot sich ihm ganz auf natürliche Weise an. Die Juristerei war sozusagen ein Familienfach. Hoffmann hatte zwar von Jugend an Musik- und Zeichenunterricht erhalten, aber der Gedanke an eine künstlerische Laufbahn lag ihm noch fern.

Zu seinem Studium eine Vorbemerkung über den damaligen Stand des preußischen Rechts: Im Jahre 1791 war eine Riesenkodifikation, das Allgemeine Landrecht für die preußischen Staaten (das ALR) mit mehr als 17 000 Paragraphen bekanntgemacht worden; 1794 trat das Gesetz in Kraft. Wenn ich einen Vergleich ziehen darf: Das Bürgerliche Gesetzbuch wurde 1896 mit 2385 Paragraphen verkündet und zum 1. Januar 1900 in Kraft gesetzt. Das Studium des neuen BGB dürfte erheblich leichter gewesen sein, als das des neuen ALR.

Hoffmanns Studium verlief ganz normal. Ich kann nicht berichten, daß er eine Vorlesung beim großen Kant gehört hätte. Über sein erstes Verhältnis zur Rechtswissenschaft mag ein Satz aus einem Brief genügen: „Das Studium geht langsam und traurig – ich

muß mich zwingen, ein Jurist zu werden."
Nach sieben Semestern kam Hoffmann 1795 zum ersten juristischen Examen. Er bestand es mit dem Prädikat „im ganzen recht gut", wenngleich „Antworten etwa in der Lehre vom Leihvertrag, vom Darlehn und von der Verjährung noch den Mangel an vollständiger Reife zu erkennen gaben".

So konnte die Ausbildung bei der Justiz beginnen. Sie verlief damals in Preußen folgenderweise: Auf das erste Examen folgten drei Jahre als Auskultator, dann das Referendarexamen, die Referendarzeit und als dritte Prüfung die Assessorprüfung.

Hoffmann wurde nun zum *Auskultator* ernannt und der Ostpreußischen Regierung in Königsberg zugewiesen. Aber die Familie bestand auf einem Ortswechsel; sie hatte mit Unbehagen Hoffmanns leidenschaftliches Verhältnis zu einer verheirateten Frau beobachtet, man wollte einem Skandal zuvorkommen. Hoffmann ließ sich also – selber ganz erleichtert – im Mai 1796 nach Glogau versetzen, wo ihn ein Bruder seiner Mutter, der Justizrat Doerffer, liebevoll aufnahm und betreute.

Aus dieser Zeit ein aufschlußreicher Satz aus einem Briefe Hoffmanns: „Die Wochentage bin ich Jurist und höchstens etwas Musiker, sonntags wird am Tage gezeichnet und abends bin ich ein sehr witziger Autor bis in die späte Nacht." Sie sehen hier bereits die *Zeiteinteilung* Hoffmanns als Jurist und Künstler, die für ihn charakteristisch ist.

Im Juni 1799 bestand Hoffmann in Glogau seine zweite Prüfung, das *Referendarexamen*, diesmal schon mit besserem Erfolg. Geprüft wurde „aus der Prozeß-, Pupillen-, Deposital- und Hypothekenordnung und aus den schlesischen Provinzialgesetzen". Hier beurteilt man seine Leistungen als „überall ausnehmend gut"; er habe sich „eine sehr zusammenhängende und gründliche Sachkenntnis von den erwähnten Teilen zu eigen gemacht". Dazu kommt noch ein „mit Fleiß, Gründlichkeit und guter Beurteilung ausgearbeitetes Probereferat".

Dieses schriftliche Referat ist uns im Wortlaut erhalten, ich möchte hierüber berichten:

Ein Rittergutsbesitzer in Ostpreußen hatte ein Gut in Schlesien mit allem Mobiliar gekauft und übergeben erhalten. Für einen Teil des Kaufpreises hatte er Wechsel ausgestellt, die der Verkäufer weiter begab. Bei Fälligkeit wurden die Wechsel nicht eingelöst, die Indossatare klagten sie in Glogau ein. Inzwischen war der Käufer aber unter Bestellung eines Verwalters nach Ostpreußen zurückgereist; dort betrieb er die Annullierung des Kaufvertrags im Prozeßwege. In Glogau bestreitet er einmal den Gerichtsstand: Der dingliche Gerichtsstand sei nicht gegeben, weil ihm das Gut nur übergeben worden sei. Sein persönlicher Gerichtsstand befinde sich aber in Ostpreußen. Sachlich wendet er die begehrte Annullierung des Kaufvertrags ein.

Und nun Hoffmann: Er bejaht zunächst die Zuständigkeit und zwar qua persönlichen Gerichtsstands des Beklagten. Die Begründung: Der Beklagte hat das Gut mit Mobiliar gekauft und übergeben erhalten, bei seiner Abreise hat er einen Verwalter eingesetzt. Darin liegt aber die stillschweigende Begründung eines zweiten Wohnsitzes, der nach dem ALR zulässig ist.

In der Sache selbst zieht Hoffmann eine Bestimmung des ALR heran, wonach Gutsbesitzer Wechsel nur gegen bares Geld ausstellen können. Das war hier nicht der Fall, und deshalb sind die Wechsel ungültig. Wie steht es nun mit den Indossamenten? Hoffmann legt sie sachgemäß als Zessionen des Kaufpreisanspruchs aus. Diesem Anspruch konnte der Beklagte aber die Annullierung des Kaufvertrags entgegenhalten. Da nun hierüber bereits in Ostpreußen prozessiert wird, sollten die Kläger dort ihre Rechte als Intervenienten geltend machen. Deshalb schlägt Hoffmann Klagabweisung unter Vorbehalt der genannten Rechte vor.

Es ist zu verstehen, daß das Referat eine gute Beurteilung erhielt.

Der daraufhin ernannte Referendar Hoffmann wurde zunächst in *Glogau* ausgebildet. Als aber der Oheim Doerffer zum Geheimen Obertribunalrat in *Berlin* ernannt wurde, durfte ihm der Neffe folgen. Als Referendar betrat er zum ersten Mal das Kammergericht. Und kaum hatte er dort die Ausbildung angetreten, als er sich schon beim Präsidenten beschwerte, er bekäme nicht genug zu tun, ein Mangel, der natürlich prompt behoben wurde. Hoffmann wuchs in dieser Zeit in sein Fach hinein; sein scharfer Verstand fand anscheinend an der Materie immer neue Nahrung. Das Assessorexamen, zu dem er sich mit Freund Hippel gemeinsam vorbereitet hatte, bestand er im Februar 1800 mit der Note „vorzüglich". Er war jetzt 24 Jahre alt.

Es folgte die Ernennung zum *Assessor* mit der Versetzung zur Südpreußischen Regierung in *Posen* (natürlich unbesoldet!).

> Das „Südpreußen" genannte Gebiet hatte Preußen 1793 bei der zweiten Teilung Polens erhalten. Dorthin schickte man vorzugsweise junge talentvolle und arbeitsame Juristen, weil es übermäßig viel zu tun gab.

Mit seiner Arbeit erwarb sich Hoffmann Zufriedenheit und Wohlwollen seines Präsidenten, und so begann seine Laufbahn recht erfolgversprechend. Zum ersten Mal scheint er auch gesellschaftlich den breiten Lebensstil gefunden zu haben, der seiner künstlerischen Natur entsprach. Posen galt damals als der wichtigste Schnittpunkt deutsch-polnisch-jüdischen Geistes; Adel und Bürgertum wetteiferten in der Pflege der schönen Künste. Der junge Hoffmann – sehr im Gegensatz zu anderen preußischen Beamten – verkehrte auch in nicht-deutschen Kreisen, schwelgte in Tafelfreuden, besuchte Bälle, Soireen und leistete sich in seinem Übermut gar bald einen „Geniestreich". Er hatte nämlich als brillanter Zeichner von den seriösen Verwaltungsbeamten und Offizieren sehr boshafte Karikaturen angefertigt und diese nicht etwa heimlich kursieren lassen, sondern auf einem Karnevalsball aus der Hand eines „italienischen Bilderverkäufers" unter die Leute gebracht, ein Affront, den der General nicht hinnehmen konnte, zumal sich auch sein Konterfei unter den Bildern befand. Er ließ dieselben einsammeln und sandte sie noch in derselben Nacht mit einer Beschwerde nach Berlin. Dort lösten sie zwar gewaltiges Gelächter aus, aber Hoffmann wurde strafversetzt; im Frühjahr 1802 mußte er seinen Dienst bei der Neuostpreußischen Regierung in *Plock* antreten, glimpflicherweise unter Ernennung zum Regierungsrat.

> „Neuostpreußen" hatte Preußen 1797 bei der dritten Teilung Polens erworben.

Plock war ein trostloses polnisches Nest mit 3000 Einwohnern – für Hoffmann eine recht empfindliche Verbannung. So tat er das, was man in Kollegenkreisen jedem Junggesellen in dieser Einöde empfahl: Er heiratete. Im Juli 1802 schloß er mit der schönen Polin Michalina Rohrer, Ziehkind deutscher Eltern, den Ehebund. Im landläufigen Sinne war Hoffmanns Ehe sicherlich glücklich. Ohne seine komplizierte unruhige Natur ganz zu erfassen, begleitete Michalina ihn als treue Schicksalsgefährtin bis zu seinem frühen Tode. Das einzige Töchterchen Cäcilie starb zweijährig.

An Arbeit fehlte es in Plock keineswegs; bis in die Nacht saß Hoffmann über seinen Akten. Und trotzdem schritt sein musikalisches und literarisches Schaffen fort. Zwei Jahre dauerte diese Strafzeit. Dann gelang es ihm, wiederum mit Freundeshilfe, 1804 zur Südpreußischen Regierung nach *Warschau* versetzt zu werden, d. h. zum dortigen Obergericht.

Aus seiner Warschauer Zeit wird berichtet: „Er hatte nie Spruchreste, hielt seine Termine gewissenhaft ab, erschien früh im Collegienhaus und arbeitete rasch fort, ohne sich mit Nebendingen zu beschäftigen, so daß er gewöhnlich gegen ein Uhr schon fertig war, während viele andere erst anfingen." Und Hoffmann schreibt selbst einmal: „Ich muß ja wohl frisch von der Hand weg arbeiten, um nur die Akten mit den Partituren zu wechseln." Das zeigte sich auch bei einer Revision: Der Regierungsrat Hoffmann hatte keine Restanten.

In Warschau gewann sich Hoffmann den zweiten lebenslänglich treuen Freund: Assessor *Hitzig*, auch er musikalisch und literarisch gebildet; Hitzigs Aufzeichnungen verdanken wir u. a. den folgenden Bericht aus Warschau:

Da sollte im August 1806 des Königs Geburtstag mit einem Konzert festlich begangen werden. Zu diesem Zwecke war das dazu vorgesehene Palais allerdings noch völlig zu renovieren. Der junge Hoffmann entwarf nicht nur die Pläne für die neue Ausstattung des Konzertsaals und der übrigen Räume, er überwachte auch die Malerarbeiten, stand selbst auf der Leiter. Wenn dann Parteien auftauchten, die einen Kontrakt zu schließen wünschten und im weiten Palais vergeblich nach einer Amtsperson Ausschau hielten, sprang er unbefangen herab, eilte ihnen mit fliegenden Rockschößen voraus, um im Gerichtsgebäude, den Pinsel mit der Feder vertauschend, ein juristisches Dokument aufzusetzen, das auch der schärfsten Kritik standhalten konnte. Und was das Palais anging: Fristgemäß prangte es im neuen Gewand und es war Hoffmann, der das Festkonzert dirigierte, und das Publikum, schreibt Hitzig, „sah mit Bewunderung, wie ruhig und gemessen er sich ungeachtet seiner quecksilbernen Beweglichkeit dabei zu benehmen verstand".

Glückliche Zeiten, die im Herbst 1806 jäh zu Ende gingen: Preußens Katastrophe, Napoleon in Warschau, Auflösung der Südpreußischen Regierung, Entlassung aller Beamten. Wer von ihnen noch in Warschau bleiben wollte, mußte eine Unterwerfungserklärung mit dem Huldigungseid auf Napoleon abgeben, sonst wurde er ausgewiesen. Der Patriot Hoffmann verweigerte den Eid.

Die folgenden acht Jahre bis 1814 sind ein juristisches Vacuum. Hoffmanns Bemühungen um eine Weiterbeschäftigung im Staatsdienst mußten erfolglos bleiben; das verarmte Preußen konnte unmöglich seine vertriebenen Beamten unterbringen. Hoffmann war nun allein auf seine künstlerischen Fähigkeiten angewiesen – den Titel Regierungsrat hat er übrigens in den folgenden schweren Wanderjahren nie abgelegt, schon um sich damit einen letzten Rest von Reputation zu wahren.

Die Jahre 1806 bis 1808 lebte Hoffmann in bitterer Armut. Immer wieder mußten die Freunde helfen, v. Hippel, aber auch Hitzig, der ebenfalls seine juristische Tätigkeit hatte aufgeben müssen und nun in Berlin Verlagsbuchhandel betrieb. *1808* gelang Hoffmann der künstlerische Durchbruch; er wurde Kapellmeister in *Bamberg*.

Dort wurde er schon in Kürze als der interessanteste Mann im Städtchen abends im „Gasthaus zur Rose" zum allseitig bewunderten Mittelpunkt. Hoffmanns Besuche müssen den Gastwirt um mehrere tausend Gulden reicher gemacht haben. Schon mittags pflegte sich dieser zu erkundigen, ob der Herr Rat des Abends bei ihm zu speisen gedächte, um bei einer Zusage den Boten gleich weiter zu schicken, den Honoratioren die frohe Botschaft zu bringen. Abends war dann die Gaststätte garantiert überfüllt – ein Vorgang, der sich in Hoffmanns späteren Kammergerichtszeiten bei Lutter und Wegener wiederholte. 1813 und 1814 folgten Kapellmeisterstellen in *Dresden* und *Leipzig*.

In dieser Zeit nähert sich Hoffmanns Oper „Undine" der Vollendung; es entstehen aber auch seine literarischen Meisterwerke „Der goldene Topf" und die „Elixiere des Teufels".

So war Hoffmann, als er im Herbst 1814 nach *Berlin* zurückkehrte, in der Welt des Geistes kein Unbekannter mehr. Noch am Abend seiner Ankunft richteten ihm die Freunde ein Festmahl, an dem alle die illustren Berliner Romantiker teilnahmen, Ludwig Tieck, Adalbert von Chamisso, Friedrich de la Motte Fouqué, dazu bekannte Musiker und Maler. „Sie bereiteten mir einen Freudentaumel", heißt es in Hoffmanns Tagebuch.

Anlaß seiner Rückkehr nach Berlin war übrigens das rein praktische Bestreben gewesen, mit festen Bezügen fortan seine freie Künstlerschaft zu finanzieren. Auf einen hohen Posten bei der Justiz war er nicht mehr angewiesen, er hatte Ruhm und Ansehen genug auf anderem Felde erworben. Immerhin konnten ihm die Freunde den Posten eines Hilfsarbeiters am Kammergericht verschaffen – auch Freund Hitzig arbeitete dort in der gleichen Stellung. Die Justiz in Preußen ging langsam vor.

Hoffmann und Hitzig wurden dem Kriminalsenat zugewiesen. Hoffmann erhielt nur Urteilsgebühren und zweimal eine Remuneration von 200 Talern.

Nach zwei Jahren, 1816, kommt endlich die Ernennung zum Kammergerichtsrat und zum Mitglied des Kriminalsenats – zehn Jahre nach 1806!

Aber man rechnete ihm auf das Dienstalter die ganze Zeit seit seiner Ernennung zum Regierungsrat an, also seit 1802.

Das Jahr 1816 ist übrigens noch nach einer anderen Seite ein glückliches Jahr: Am 3. August wurde Hoffmanns Oper „Undine" im Königlichen Schauspielhaus am Gendarmenmarkt mit der Bühnenausstattung Friedrich Schinkels glanzvoll aufgeführt, ein Ereignis, welches das ganze Kammergericht in Aufregung versetzte. Sicher waren alle Kollegen mit ihren Damen zur Premiere erschienen, um den genialen Künstlerjuristen zu feiern, der seinerseits für die bezaubernde Titelheldin in heller Liebe entbrannt war. Das Werk brachte ausverkaufte Häuser und erlebte 15 Aufführungen. Dann kam im Juli 1817 ein Unglückstag: Die ganze Dekoration wurde bei einem Brande vernichtet und nicht wieder ersetzt.

Seltsame Duplizität der Fälle: Die Oper „Hoffmanns Erzählungen" von Jacques Offenbach erlebte ihre deutsche Premiere am 7. Dezember 1881 im Wiener Ringtheater mit größtem Erfolg; aber vor der zweiten Aufführung ging die Bühne in Flammen auf, und erst 1905 kam es zur zweiten deutschen Aufführung, diesmal in der Komischen Oper Berlin.

Über die *Berufstätigkeit* eines Kammergerichtsrats vor 150 Jahren zu berichten, erweist sich insofern als schwierig, als die von ihm verfaßten Urteile längst mit den Akten des Gerichts eingestampft wurden. Nur weniges blieb durch private Aufzeichnung erhalten. Bevor ich aber hierauf näher eingehe, noch einige erklärende Worte zu Hoffmanns *politischer Einstellung:*
Die Zeit um 1816 war erfüllt von politischen Erwartungen, die sich vor und in den Freiheitskriegen stürmisch entwickelt hatten. Sie richteten sich einmal auf ein *einheitliches deutsches Vaterland* – sehr im Gegensatz zur herrschenden Kleinstaaterei und ferner auf ein *freiheitliches Gemeinwesen* – sehr im Gegensatz zu dem herrschenden Absolutismus.
Nun mag es nahe liegen, daß auch der Künstler E. T. A. Hoffmann von den Ideen der Einheit und Freiheit erfüllt gewesen wäre. Aber das ist kategorisch zu verneinen. Hoffmann war zeit seines Lebens künstlerisch viel zu sehr engagiert, als daß ihn politische Programme tiefer berührt hätten. Sein eigener Standpunkt war eindeutig klar und – wie alle Zeitgenossen bestätigen – von unerschütterlicher Festigkeit: Hoffmann war *Patriot* – kein Treueeid auf Napoleon! – und er vertrat als *Richter* den Staat. Den Gedanken an Aufruhr gegen die Obrigkeit wies er von vornherein scharf zurück. Leidenschaftlich wendete er sich aber umgekehrt gegen polizeiliche Willkür. Furchtlos vertrat er das *Gesetz* als unbeugsamer Richter, einzig bemüht, mit geistiger Schärfe und profunder Rechtskenntnis der Gerechtigkeit zu dienen.

Und nun möchte ich Ihnen einen Fall berichten, um den Eindruck zu schildern, den der Kammergerichtsrat auf andere machte, hier auf eine passiv Beteiligte, auf Frau Helmina von Chézy, die uns diesen Vorfall in ihren Memoiren beschreibt: Sie hatte als freiwillige Krankenpflegerin in den Befreiungskriegen in einem Schreiben vom 10. Januar 1816 an General v. Gneisenau über die skandalöse Behandlung der Verwundeten in belgischen und rheinischen Lazaretten berichtet und um Abhilfe gebeten. In der darauf angeordneten Untersuchung drehte die betroffene Invaliden-Prüfungskommission unverfroren den Spieß um und zeigte Frau v. Chézy wegen Beleidigung beim Kreisgericht Köln an; das Gericht verurteilte tatsächlich Frau v. Chézy in Abwesenheit zu einem Jahr Gefängnis, zur Zahlung von 1000 Francs und zur Kostentragung. Die Sache kam zum Kammergericht und Hoffmann führte die Untersuchung. Ich zitiere aus dem Bericht der Frau von Chézy:

„Ich wünschte, ich hätte die Worte auswendig behalten, welche mir Hoffmann zu meiner Verteidigung in den Mund legte, als er das Protokoll aufsetzte; es war nämlich die am meisten inkriminierte Stelle in dem Brief an Gneisenau." Und die Stelle lautet: „Die an den (verwundeten Musketieren) Wilke und Tiede verübte *Elendigkeit*." Frau v. Chézy fährt fort:

„Hierauf ließ mich Hoffmann ungefähr folgende Worte sagen:

> Dies sei nicht als Injurie anzusehen, denn es sei nicht möglich, eine Tat die man rügen wolle, mit anderen Worten zu bezeichnen, als mit solchen, die einen Begriff davon gäben, wie man die Tat empfunden."

Und noch ein weiteres Wort zu seiner Art der Untersuchung:

„Durch die umsichtige Führung Hoffmanns behielt meine Rechtssache ihren festen Gang. Die Verhöre, welche ich zu bestehen hatte, wurden im rechtlichen Sinn geleitet. Die Protokolle, höchst geistvoll aufgesetzt, sollte man drucken; ich fürchte, sie sind vernichtet. Hoffmann war ganz vom Ernst und der Würde seiner Mission durchdrungen. Eine unschuldig angeklagte unbescholtene Frau, die sich aller Gemächlichkeiten einer ruhigen Lage entrissen hatte, um arme Leidende wie eine Mutter zu versorgen, mußte aus einem höllischen Gewebe herausgezogen werden, um nicht durch

Schmach und Gefängnis ihre Bestrebung für eine gute heilige Sache zu bezahlen."

Ich füge hinzu, daß das Verfahren zur völligen Freisprechung führte.

Was uns sonst noch Zeugnis gibt über die Tätigkeit Hoffmanns im Criminalsenat, das sind die Jahresberichte seines Präsidenten v. Trützschler, und aus diesen Berichten gebe ich Jahr für Jahr, von 1816 bis 1819, einige Sätze wieder.

Jahresbericht 1816:
„Vorzüglichen Gewinn gewährt er dem Collegio durch seine Arbeiten, die sich durch edle Schreibart, durch eine geschickte und klare Darstellung und tiefes Eindringen in den Geist der Gesetze ebenso vorteilhaft auszeichnen, wie ihm das Lob gebührt, daß keine Sache bei ihm veraltet."

Jahresbericht 1817:
„Unter den wirklich aktiven Mitgliedern nimmt Hoffmann, 40 Jahre alt und jetzt gerade die Hälfte seines Lebens im Staatsdienst, würdig den ersten Platz ein. Ich würde sein ausgezeichnetes Talent schlecht zu benutzen verstehen, wenn ich ihn mit Diebes- und Contraventionssachen und anderer loser Kost ermüden wollte. Aber in schwierigen Sachen, wobei sein Geist Nahrung findet, tut es ihm an klarer Darstellung und scharfsinniger Entwicklung keiner vor."

Jahresbericht 1818:
„Seine schriftstellerischen Arbeiten, denen er zuweilen noch die Stunde der Muße und Erholung widmet, tun seinem Fleiße keinen Eintrag, und die üppige zum Komischen sich hinneigende Phantasie, die in denselben vorherrschend ist, kontrastiert auf eine merkwürdige Art mit der kalten Ruhe und mit dem Ernst, womit er als Richter an die Arbeit geht."

Aus dem *Jahresbericht von 1819* nur ein Satz:
„Das Vorurteil, daß ein genialer Schriftsteller für ernste Geschäfte nichts tauge, hat wohl nicht leicht jemand vollständiger widerlegt, als er."

An der Reihenfolge dieser Beurteilungen läßt sich übrigens unschwer erkennen, wie der Senatspräsident mit wachsendem Verständnis die juristische Leistung seines als Künstler anerkannten Richters zu würdigen wußte.

Ein glücklicher Umstand hat uns wenigstens die Akten über eine *Nebentätigkeit* des Kammergerichtsrats Hoffmann erhalten, nämlich als – unbezahltes – Mitglied der „*Immediat-Untersuchungskommission* über Ermittlung hochverräterischer Verbindungen und anderer gefährlicher Umtriebe". Die Kommission war durch Cabinetts-Order vom 16. September 1819 errichtet und Hoffmann ihr auf Empfehlung seines Präsidenten von Anfang an zugewiesen worden – eine besondere Auszeichnung! Die Kommission unter dem Vorsitz des Senatspräsidenten v. Trützschler hatte die Befugnis zur Eröffnung förmlicher Criminaluntersuchung, und zwar „mit allen Rechten eines Gerichts".

Die Akten der Kommission sind im Geheimen Staatsarchiv erhalten geblieben und darin die Originale der Gutachten Hoffmanns. Aus ihrer Vielzahl wähle ich das umfangreichste aus, nämlich in der Sache des „Turnvaters" *Ludwig Jahn*.

Der Hintergrund dieses Verfahrens ist unter dem Stichwort „Demagogenverfolgung" bekannt. Es genügt, zwei Ereignisse zu nennen: 1817 wurden auf dem Wartburgfest der Burschenschaften reaktionäre Schriften verbrannt, darunter der „Codex der Gendarmerie" des Direktors des preußischen Polizeiministeriums, Karl Albrecht *v. Kamptz*. 1819 wurde Kotzebue vom Studenten Sand ermordet. Darauf kam es zu den berüchtigten Karlsbader Beschlüssen über das Verbot der Burschenschaften, das Verbot des Turnens und die Einführung der Zensur.

Im Zuge dieser Verfolgungen wurde Jahn im Juli 1819 in Berlin von der Polizei, die Herrn v. Kamptz unterstand, verhaftet. Im September erstattete ein Regierungsrat *Janke* Anzeige über eine geheime Verbindung, der *Deutsche Bund* genannt. Dieser habe von Anfang an die hochverräterische Tendenz gehabt, die Verfassungen der deutschen Länder umzustoßen und ganz Deutschland in einer Republik zu vereinigen; diese Tendenz dauere noch fort. Jahn gehöre zu den Gründern. Janke berief sich dabei auf seine eigene frühere Mitgliedschaft bei der Vereinigung; zudem nahm er die Angaben auf seinen Amtseid. Mit dem Vorwurf des Hochverrats war die Zuständigkeit der Immediatkommission gegeben, Hoffmann war Berichterstatter. Er hatte sechs dem Jahn vorgeworfene Straftaten zu untersuchen; die drei wichtigsten greife ich heraus:

1. *Die Stiftung und fortdauernde Teilnahme an einem geheimen und hochverräterischen Bündnis, der Deutsche Bund genannt.*

Tatsächlich war im Jahre 1810 eine geheime Vereinigung mit dem Namen „Deutscher Bund" gegründet worden, Jahn gehörte zu ihren Stiftern. Aber wie stand es mit der hochverräterischen Tendenz? In seiner Vernehmung erklärte Jahn hierzu:

„Die Gesellschaft hatte keinen anderen Zweck, als die vaterländische Gesinnung aufrecht zu erhalten. Der herrschende Grundsatz in derselben war durchaus, nur für und mit dem Staat, niemals ohne ihn zu wirken. Die Gesellschaft wurde geheimgehalten, um Napoleon keine Gelegenheit zu geben, gegen die Regierung hier unangenehme Maßregeln zu ergreifen. Die Gesellschaft bezweckte in ihrer Absicht auf den bevorstehenden Kampf mit Frankreich auch, daß sie ihre Mitglieder im Schießen und Fechten übte."

Die Kommission stellte nun eine Fülle weiterer Vernehmungen an. Mehrfach wurde Janke Mitgliedern des Deutschen Bundes gegenübergestellt. Hier machte er einen unsicheren, verlegenen Eindruck, hier verwickelte er sich auch in Widersprüche. So kommt es zu folgender Beweiswürdigung Hoffmanns:

„daß nicht einmal Tatsachen aufgestellt und nachgewiesen sind, die eine dringende Vermutung für die hochverräterische Tendenz des Bundes begründen könnten,
daß vielmehr das Gegenteil von dem, was der Angeber behauptet, von Personen ausgesagt worden ist, die zwar als Mitangeklagte nicht für glaubwürdige Zeugen geachtet werden können, die aber wegen der Übereinstimmung, der Freiheit, Offenheit, des Zusammenhangs ihrer Aussagen sowie auch zum Teil wegen ihres persönlichen Charakters und ihres Verhältnisses im Staat Rücksicht verdienen und denen man mit vollem Recht zutrauen kann, daß sie mit der Wahrheit nicht zurückhielten."

Damit ist die hochverräterische Tendenz ausgeräumt.
Freilich stand noch eine weitere Frage offen: War nicht schon die

Teilnahme an einem geheimen Bund allein strafbar?

Dies muß uns heute für den „Deutschen Bund" geradezu grotesk erscheinen; der Bund konnte seine vaterländischen Zwecke in der Zeit der Franzosenherrschaft doch nur im Geheimen verfolgen! Gleichwohl, Hoffmann prüfte die dafür maßgeblichen Vorschriften, nämlich die drei folgenden:

Im Allgemeinen Landrecht wurden „heimliche Verbindungen" von Bürgern unter Strafdrohung für *anzeigepflichtig* erklärt, wenn sie auf den Staat und dessen Sicherheit Einfluß haben konnten.

Zweitens sprach ein Edikt von 1798 in Ergänzung der Vorschrift das *Verbot* von Vereinigungen aus, die ein Verschwiegenheitsgelöbnis oder eine Geheimhaltung ihrer Absichten vorsehen.

Endlich war am 6. Januar 1816 eine Königliche Verordnung ergangen mit dem einzigen Inhalt, die vorstehenden Vorschriften „in Erinnerung" zu bringen.

Nach diesen Gesetzesregeln hätte die Teilnahme an geheimen Verbindungen also doch strafbar sein können!

Nun bestand der „Deutsche Bund" schon längst nicht mehr. Er hatte sich nämlich zu Beginn der Befreiungskriege aufgelöst, weil sein Zweck erreicht war. Die Behauptung Jankes, der Bund bestehe noch fort, war glatt widerlegt worden. Sollten die Mitglieder des Bundes auch dann noch verfolgt werden?

Tatsächlich war damals die Restauration bereits so weit fortgeschritten, daß ein solcher perfider Gedanke ungeniert in der Öffentlichkeit auftauchen konnte. Hoffmann berichtet, „ein sehr gehässiger Streit über die angeblichen geheimen Verbindungen sei entstanden" und „Männer von Ehre und Ansehen seien in Flugblättern kompromittiert worden" – eine völlig vergiftete politische Atmosphäre!

Diesem üblen Streit machte aber – so Hoffmann – die „weise Verordnung" vom 6. Januar 1816 (die ich bereits nannte) ein Ende. Zwar bringt ihr Text nur die bisherige Gesetzeslage „in Erinnerung". Aber Hoffmann zieht noch die Präambel zur Verordnung heran; diese muß ich Ihnen vorlesen. Der König erklärte:

„Wir haben den Parteigeist mit gerechtem Mißfallen bemerkt, welcher sich bei dem Streit der Meinungen über die Existenz geheimer Verbindungen in Unseren Staaten äußert. Als das Vaterland durch Unglücksfälle hart betroffen in großer Gefahr war, haben Wir selbst den sittlich wissenschaftlichen Verein genehmigt, welcher unter dem Namen des Tugendbundes bekannt ist, weil wir ihn als ein Beförderungsmittel des Patriotismus und der Eigenschaften ansahen, welche die Gemüter im Unglück erheben und ihnen Mut geben konnten ... Seitdem haben die Grundsätze und Gesinnungen, welche seine Stiftung veranlaßten, die Mehrheit unseres Volkes beseelt, woraus unter Hilfe des Höchsten die Rettung des Vaterlandes hervorgegangen ist ... Jetzt, wo der Frieden überall hergestellt ist und jeden Staatsbürger nur ein Geist beleben muß, durch einträchtiges pflichtmäßiges Bestreben den sich so herrlich bewährten Nationalsinn zu bewahren und den Gesetzen gemäß zu leben, ... jetzt können geheime Verbindungen nur schädlich und diesem Ziel entgegenwirken."

Mit dieser Präambel bekommt die Verordnung zweifellos erst ihren besonderen Sinn, und so stellt Hoffmann denn auch fest:

,,1. daß der löbliche Zweck und die wohltätigen Wirkungen *bisher* bestehender geheimer Bündnisse zwar anerkannt und daher *außer* der Kategorie strafbarer Handlungen gestellt werden, daß aber von der Zeit der Verordnung, da jene Zwecke erreicht sind, ... Verbindungen dieser Art als strafbares Vergehen angesehen werden,

2. daß der Tugendbund keineswegs als der einzige, auf den die Verordnung bezogen werden soll, vielmehr nur beispielsweise erwähnt worden ist."

Hiermit entfällt aber die Strafbarkeit der Beteiligung am ,,Deutschen Bund" als geheimer Verbindung.

Die Auslegung der Verordnung entsprechend ihrer Präambel erscheint uns heute völlig selbstverständlich. In der damaligen Zeit war sie geradezu eine politische Tat. So wurde Hoffmann *auch deswegen* in einer Beurteilung seines Gutachtens angegriffen, die ausgerechnet der damit beauftragte Herr v. Kamptz verfaßte.

2. Die zweite Jahn vorgeworfene Straftat, nämlich die *Verbreitung staatsgefährdender Grundsätze*, betrifft vor allem seine öffentlichen Vorlesungen über Volkstum und Volkstümlichkeit. Hoffmann hatte Jahns Konzepte durchgelesen. Er stellt fest, daß sich nichts darin findet, ,,was Mißvergnügen gegen die bestehenden

Staatsverfassungen erregen sollte", im Gegenteil, er zitiert eine Stelle aus dem Konzept, in Jahns typisch pathetischer Diktion:

„Gewaltsame Umwandlungen, in unserer Sprache wohl nicht mit Unrecht Umwälzungen genannt, sind die Ausbrüche eines Feuerbergs. Ohne Schonung, ohne Erbarmen wird die Prachtflur verheert, und die heilige Friedensordnung der Unschuld stirbt in Asche. Ärger noch mit den Umwälzungen in der Staatenwelt: Wo ihr Glutstrom flutete, mußten ganze Geschlechter in die Vernichtung; mit Völkerblut ward der Boden des kreißenden Staats befruchtet, und aus dem Moder der Opfergebeine entsproßte spät dann eine neue Welt. Wer aber darum sich zu einer Rotte verschwören, damit Aufstand, Aufruhr und Empörung anzetteln und so einen besseren Zustand mit Sünde und Blutschuld hervorbringen will – den muß man wie einen Unsinnigen bemitleiden und, äußert sich sein Wahn in Wut, sogleich als einen Rasenden in Ketten schließen."

Nach diesem Zitat fährt Hoffmann freilich fort: „Neben jenen guten Gedanken erstaunt man nicht wenig über die paradoxesten Sätze, auf die abenteuerlichsten Ideen und auf bittere gegen geachtete Personen gerichtete Ausfälle, ohne zu begreifen, wie sie auf einmal hineinkommen."

Denn Jahn scheute vor nichts zurück; so hatte er folgenden Verteidigungsplan entworfen: Das Land soll an einer schwachen Stelle gegen Feinde durch eine künstliche Wüste gesichert werden, es soll versumpft und mit Seen versehen werden, so daß es ungangbar wird; darin sollen Raubtiere ausgesetzt und nötigenfalls gefüttert werden.

Und die gewiß pedantischen Ausführungen eines Wirklichen Geheimen Legationsrats über die Souveräntität hatte Jahn kurzerhand verglichen mit dem „ungewaschenen Zeug, das ein zur Sprache gelangter Stiefelknecht vorbringen würde". Sicher eine arge Grobheit, aber ohne staatsverbrecherischen Gehalt.

3. Endlich die dritte Straftat: *Die Verbreitung gefährlicher Grundsätze durch das Turnwesen.* Hoffmann schickt voraus, es fehle gänzlich an ermittelten Tatsachen, die darauf hindeuten sollten, daß Jahn Turnübungen *ausdrücklich* dazu benutzte, den Schülern gefährliche Grundsätze beizubringen. Er fährt fort: „Am Tur-

nen an und vor sich selber ist nichts neu, als der *Name*, denn die Sache stimmt ganz mit den gymnastischen Übungen überein, die an Erziehungsanstalten üblich waren und keine andere Tendenz hatten als die körperliche Erkräftigung im allgemeinen", eine Tendenz übrigens, die sich in der Zeit der Franzosenherrschaft verstärken mußte. Und aus den Schreiben Jahns hierüber ergibt sich keine gefährliche Tendenz. „Ganz im Gegenteil", sagt Hoffmann, „ist es höchst löblich, wenn die aufwachsenden Jünglinge sich früh für den Dienst des Vaterlandes tüchtig machen."

Freilich, erwägt Hoffmann, könne damit auch ein *Kastengeist* und der *Dünkel* erregt werden, man sei etwas besseres und brauche sich in keine gewöhnliche Ordnung zu fügen. Nun wörtlich: „Dem zu begegnen bedarf es an der Spitze eines Mannes, der mit der reinsten Gesinnung die völlige Ruhe – die Leidenschaftslosigkeit des wahren Weisen – verbindet. Die letzteren Eigenschaften fehlen dem pp Jahn ganz und gar. Er ist, wie aus allem, was er begonnen, klar hervorgeht, heftig, leidenschaftlich, wider seine Gegner erbittert und – was das schlimmste scheint – mit sich selbst, mit seinen Ansichten und Meinungen nicht im klaren, wie dies seine Vorlesungen und Schriften dartun. Dabei hascht er nach Paradoxien, nach blinkenden Witzwörtern und bemüht sich, seinem Ausdruck eine altertümliche Energie zu geben, die, oft beinah im Stil der Bibel, ihre Wirkung auf die Jugend nicht verfehlen kann."

Wenn nun das Selbstbewußtsein dieser Turnerjugend revolutionären Köpfen gelegen kommen mochte, so spielt Hoffmann die politische Tendenz doch mit klugem Spott herunter:

„Das Treiben exaltierter Knaben mag vielleicht argen Unfug veranlassen, aber niemals die Besorgnis einer Revolution erregen. Mag das Turnen so, wie es geübt wird, in *staatspolizeilicher* Hinsicht nicht geduldet werden, so fehlt es doch an jedem *kriminellen* Tatbestand."

So kommt Hoffmanns Gutachten schließlich zum Ergebnis, „daß den Jahn in keinem Falle eine Strafe treffen kann, die seine Haft während der Untersuchung rechtlich begründen könnte".

Ich habe Ihnen das Gutachten ausführlicher vorgetragen, weil wir daraus das Bild des *Richters* Ernst Theodor Wilhelm Hoffmann gewinnen. Hoffmann war – in unserer Diktion – ein *engagierter*

Richter. Engagiert für den *Rechtsstaat,* und das zu einer Zeit, in der unter dem Zeichen der allgemeinen Restauration der *Polizeistaat* immer unbedenklicher seine düstere Herrschaft ausübte. Ich muß hinzusetzen, daß sich Hoffmann dabei in voller Übereinstimmung mit der Kommission und dem Kriminalsenat befand – dies sei zur Ehre des Kammergerichts gesagt.

Es kennzeichnet die politische Lage, daß sich die Kommission nicht durchsetzen konnte: Jahn, der sich während seines Strafprozesses noch in Kolberg aufhalten mußte, bekam auch nach seiner völligen Freisprechung durch das Oberlandesgericht Frankfurt a./O. im Jahre 1825 nicht die verdiente Freiheit. Mit einer Abfindung wurde ihm der Aufenthalt in Freiburg an der Unstrut auferlegt, er durfte die Stadt nicht verlassen. Erst im Jahre 1840 wurde er durch eine Kabinettsorder Friedrich Wilhelms IV. voll rehabilitiert.

Die rechtsstaatliche Arbeit der Immediatkommission ließ die Reaktion auch sonst nicht ruhen. Im Jahre 1821 gelang es Herrn v. Kamptz, die Errichtung einer Ministerialkommission zu erreichen, die der Immediat-Untersuchungskommission übergeordnet war. So war es für Hoffmann eine Befreiung, als er am 1. Dezember 1821 in den Oberappellationssenat des Kammergerichts berufen wurde und damit aus der Kommission ausschied.

Aber die Belastung der letzten Jahre war zu stark gewesen, er wurde ernstlich krank, sein Leben neigte sich dem Ende zu. Dennoch ließ er nicht nach in seiner Doppelexistenz; weiter erfüllte er ein riesiges Arbeitspensum auf beiden Gebieten, glühend entzündet, sich selbst verzehrend, leidend unter der Unbill der Zeit. Sein Groll auf die Polizei, sein Schmerz über die offene Rechtsbeugung schlug jetzt in seiner Dichtung durch. Hier zog er mit Sarkasmus, mit beißendem Spott her über Herrn v. Kamptz und dessen Methoden. In sein Märchen „Der Meister Floh" fügte er Anfang 1822 noch eine Episode ein, die ich jetzt berichten muß:

Da hat in der Stadt Frankfurt die Gerichtsbehörde auf das Gerücht, im Hause eines Bankiers sei eine junge Dame entführt worden, Ermittlungen angestellt mit dem Ergebnis, daß keine junge Dame vermißt wird. Nun kommt ein Geheimer Hofrat Knarrpanti vom Hofe eines kleinen Fürsten und verlangt beim Stadtrat, deswegen einen etwas weltfremden jungen Bürger zu verhaften. Auf den

Einwand, niemand werde vermißt, es fehle also an einer Tat, entgegnet er: „Wenn man nur den Verbrecher hat, wird sich das Verbrechen schon finden."

Das war nun ersichtlich auf Herrn v. Kamptz gemünzt. Und der politische Gegner schlug zu. Hatte er dem angesehenen Mitglied der Immediat-Untersuchungskommission nichts anhaben können, so wollte er sich jetzt am Dichter rächen. Noch im Druck wurde das Werk beschlagnahmt, dem Autor ein Disziplinarverfahren angehängt. Ganz Berlin war empört. Aber das Verfahren kam nicht mehr zum Abschluß; der Tod trat dazwischen: Am 25. Juni 1822 starb Hoffmann, 46 Jahre alt, erlöst von schwerem Leiden.

Nun noch ein letztes Wort: Wir haben in unserer deutschen Kulturgeschichte eine lange Reihe namhafter Dichterjuristen, angefangen im 15. Jahrhundert mit Sebastian Brant über Goethe, Kleist, Novalis, Achim von Arnim, Eichendorff, Theodor Storm, Gottfried Keller bis zu Kafka und Ernst Jünger. Diese Doppelexistenz ist freilich sehr problematisch. Sprach man früher noch ganz naiv von dem natürlichen Verwurzeltsein der Dichterjuristen in zwei getrennten Welten, von ihrem doppelten Leben im Traumreich der Phantasie und im irdischen Bereich der menschlichen Ordnung, verglich man gar scherzhaft den Amtsschimmel am Morgen mit dem Pegasus am Abend, so haben wir heute das ungeheure Spannungsfeld erkannt, in welchem, gleichermaßen gebunden durch Beruf und Berufung, diese Männer tätig waren: Sie mußten die bedrohliche Last eines doppelten Anspruchs bewältigen. Erst dann konnten sie mit gesteigerter Schaffenskraft aus der juristischen Praxis zweifachen Gewinn ziehen, den Gewinn für ihre Kunst und den für ihre Persönlichkeit: Aus Aktenstaub und Paragraphendickicht erstand ihnen das Bild des Menschen; diesem Bild gaben sie in ihrer Dichtung Form und Ausdruck. Und in der Zucht dienstlicher Pflichterfüllung lernten sie die Überwindung ihrer künstlerischen Eigenliebe.

Bei Hoffmann ist die literarische Bereicherung aus der juristischen Materie weithin bekannt: Der Kriminalfall als Hauptthema einer Novelle, Richter und Anwälte als Handlungsträger seiner Erzählungen sind nur denkbar mit der Lebenserfahrung und der Rechtskenntnis des Fachmanns.

Auch über die persönliche Problematik dieser Doppelbeziehung war er sich im klaren: In Tagebüchern, in zahllosen Briefen beschäftigte er sich wiederholt mit der Bürde seiner vielen Ämter, oft seufzend, auch klagend, und manchmal mit ironischem Unterton. Ich zitiere einen Satz, den er 1808 nach seiner Anstellung als Kapellmeister in Bamberg über die vergangene Zeit im Staatsdienst schrieb:

„Vorzüglich glaube ich, dadurch, daß ich außer der Kunst einem öffentlichen Amt vorstehen mußte, eine allgemeine Ansicht der Dinge gewonnen und mich von dem Egoismus entfernt zu haben, der, wenn ich so sagen darf, die Künstler von Profession so ungenießbar macht."

Wir aber können heute im Rückblick auf sein Leben das glückliche Geschick nur preisen, das ihn so frühzeitig dem juristischen Beruf zuführte. Seine exzentrische Natur, die Fülle seiner Talente bedurften einer straffen Bändigung; die drohende Gefahr, seine geistigen Gaben ziellos zu verschwenden, konnte er nur meistern mit der Disziplin des Juristen. Er selbst empfand die Sachlichkeit des Richters als die heilsame Ergänzung seines künstlerischen Temperaments.

Unter den Dichterjuristen stelle ich Hoffmann als Juristen an die erste Stelle. Seine hohe Richterqualität wurde gewiß schon zu Lebzeiten anerkannt. Aber erst wir vermögen nach den Erfahrungen unserer Tage die unerschrockene Standhaftigkeit voll zu würdigen, die der Kammergerichtsrat in unruhiger Zeit bewies. Sein Bild gewinnt damit einen Zug verhaltener Tapferkeit, der seine ganze Erscheinung adelt. Was Freund und Feind zeitlebens bestätigten: Er war ein Mann von Charakter und besaß damit jene Tugend, die für den Künstler vielleicht entbehrlich, für den Juristen jedoch unerläßlich ist.

Sicher können viele Kreise Hoffmann in diesem Jahr für sich in Anspruch nehmen – wir sind stolz, daß er auch einer der Unsern war.

www.ingramcontent.com/pod-product-compliance
Lightning Source LLC
Chambersburg PA
CBHW071412160426
42813CB00085B/1085